Inhalt

Dynamische Umwelt - Wie muss sich die Organisation anpassen?

Kernthesen

Beitrag

Fallbeispiele

Weiterführende Literatur

Impressum

GENIOS WirtschaftsWissen Nr. 11/2002 vom 08.11.2002

Dynamische Umwelt - Wie muss sich die Organisation anpassen?

M. Westphal

Kernthesen

- Die klassischen, auf Arbeitsteilung, Spezialisierung, Hierarchie und Fragmentierung basierenden Organisationsformen werden den neuen Umweltanforderungen nicht mehr ausreichend gerecht.
- Um den äußeren Wandel zu bewältigen, braucht ein System innere Vielfalt.
- Unternehmen müssen ihre Organisation, aber auch ihre Unternehmenskultur überdenken.
- Der ständige Wandel kann nur mit

motivierten, innovativen Mitarbeitern sowie virtuellen Netzwerken und Kooperationen gemeistert werden.

Beitrag

In den letzten Jahren sind viele Ansätze zu Veränderungen der betrieblichen Organisationsformen (wie Business Re-Engineering, Lean Management, Total Quality Management, etc.) entstanden. Viele Unternehmen sind mit Hilfe dieser "Tools" mehr als einmal umgekrempelt worden. Allerdings können diese "Tools" nur dann eine neue und - insbesondere für die Zukunft - erfolgreich aufgestellte Organisation realisieren, wenn die vielfältigen Interdependenzen, denen sich ein Unternehmen und seine Organisation gegenüber sieht, genau analysiert und individuell adaptiert umgesetzt werden.

Gründe für das Scheitern von Veränderungsprozessen sind häufig negativ geprägte Ausgangskonstellationen. Der durch die Krisen erzeugte Handlungsdruck führt zu blindem Aktionismus, sowie einem reinen Kurieren von Symptomen. Die Grundprinzipien eines erfolgreichen Change Mangements wie "Wandel benötigt Zeit", "Beteiligung der Mitarbeiter" und "Transparenz" werden häufig missachtet.

Die Komplexität eines organisatorischen Veränderungsprozesses gemäß den dynamischen Umweltanforderungen zeigt sich in einer Vielzahl von Problemgebieten.

Die dynamische Umwelt stellt neue Anforderungen an die Organisation der Unternehmen

Die Unternehmen müssen sich zunehmend stärker am Markt und den Kunden orientieren. Wesentliche Treiber sind kurze Durchlaufzeiten, immer neue Produkte, Schnelligkeit, Innovation und Individualisierung. Die Anforderungen vom Markt verlangen einhergehend die Identifizierung und Realisierung von produktions- und transaktionsbezogenen Kostensenkungspotentialen.

Für die Organisation bedeutet dies, dass eine Integration von Fertigungs- und Dienstleistungsfunktionen hin zu einer ganzheitlichen Wertschöpfungskette stattfinden muss. Die Planung einer ganzheitlichen Wertschöpfungskette ist sehr sensibel und ehrlich zu analysieren und nicht mit purer "Zentralisation" zu verwechseln.

Ein System wie eine Unternehmensorganisation benötigt innere Vielfalt, um sich erfolgreich zu behaupten

Eine Organisation, die sich kontinuierlich einer dynamischen Umwelt anpassen will, benötigt die Akzeptanz von unterschiedlichen Mitarbeiter-Typen und -Meinungen, aber auch ein den "menschlichen Anforderungen" gerecht werdendes "Wissensmanagement".

Die Zunahme des Arbeitens in Projektorganisationen oder einer netzwerkartigen organisatorischen Umwelt, verbunden mit ständigem Wandel und hoher Dynamik, stellen eine erhebliche berufliche Belastung dar. Diese Organisationsformen resultieren in der Tatsache, dass permanent mit neuen Menschen unterschiedlichster Herkunft und Einstellung zusammengearbeitet werden muss. Die daraus zwangsläufig resultierenden Spannungen müssen zielführend genutzt werden.

Ein Unterdrücken dieser Auseinandersetzungen würde dem Unternehmen schaden, da sie ein wesentliches und notwendiges Element der betrieblichen Dynamik darstellen und damit seine Entwicklung und Innovationskraft fördern. Organisationen müssen einen "Common Sense" unterstützen, in dem Widersprüche ausdrücklich akzeptiert sind. Nur eine Organisation, die ein aufeinander zugehendes Verhalten auch in spannungsgeladenen Situationen fördert, beugt unnötigem Energieverschleiß, Zeitverschwendung und auch Fehlentwicklungen vor.

Das Ziel muss es sein, mit größtmöglicher Spannungsintensität (Meinungsvielfalt) bei geringstmöglichen Reibungsverlusten das Gewinner/Verlierer-Syndrom durch den Automatismus einer Gewinner/Gewinner-Konstellation zu unterbrechen. (1)

Häufig wird übersehen, dass die Informationstechnologie nicht der wichtigste Faktor für ein funktionierendes Wissensmanagement in einem Unternehmen ist, da mit dieser Fokussierung die internen Kommunikations- und Reflexionsprozesse häufig unterschlagen werden. Die Entscheidungs- und Wissensprozesse in Unternehmen sind häufig deutlich komplexer als die dominierenden Vorstellungen. Wissen ist keine

Ressource, die man abschöpfen und dann abspeichern und somit der Organisation zur Verfügung stellen kann.

Das wesentliche Problem sind die arbeitspolitischen Gründe, die dazu führen, dass Organisationsmitglieder ihr Wissen nicht mitteilen und anderes Wissen ablehnen. Entscheidungen von Managern werden kaum aufgrund von vorhandenen Informationen und Statistiken, sondern aufgrund interaktioneller Kontakte getroffen. Das heißt, dass auf der Basis von ausgewählten Kontakten und nicht auf der Basis komplexer, ausgearbeiteter Vorlagen der Informationsverarbeitung entschieden wird. Das Wissen der Organisation lässt sich nicht mit Hilfe von IT-gestützter Verwaltung und einer "durchlässigen Unternehmenskultur" produzieren. Die einfache Annahme, dass eine positive und "wissensfreundliche" Unternehmenskultur trainiert werden muss, ist nicht ausreichend, weil Entscheidungen auch viel von persönlicher Arbeitspolitik des Entscheiders beeinflusst werden. (2)

Ein wesentlicher Faktor für das Meistern der dynamischen Anforderungen ist eine gesunde

und passende Unternehmenskultur

Im Rahmen von Change Management Projekten muss auf eine Akzeptanz der getroffenen Prozess-Re-Design-Entscheidungen bei den Mitarbeitern geachtet werden. Der Einsatz von Beratern in Veränderungsprojekten kann aufgrund ihrer Qualifikation im Hinblick auf Problemslösungen und Interventionstechniken, gepaart mit einschlägigen Erfahrungen und der "Nicht-Betriebsblindheit" erhebliche Vorteile versprechen, sofern die Berater von der Geschäftsleitung nicht für ihre Zwecke instrumentalisiert werden und somit als "Spione" angesehen werden. Andererseits werden häufig nur die Symptome kuriert, doch die Unternehmen haben unter einer polierten Oberfläche ihre eigentlichen Probleme nicht gelöst.

Somit bietet es sich an, in großem Maße auf interne Prozessgestalter zu vertrauen. Daraus resultierende Vorteile sind:
- Diese kennen das Unternehmen und den Markt von innen heraus.
- Die Mitwirkungsbereitschaft der Belegschaft kann erheblich gesteigert werden.
- Der Zeitfaktor von Veränderungsproszessen wird berücksichtigt, da die internen Berater die

Organisation nicht verlassen, sobald das Gröbste geleistet ist.
- Die Organisation sichert sich die Kompetenz dauerhaft.
- Die Kosten durch die Wahl für interne Prozessgestalter wird erheblich geringer sein, als bei der längerfristigen Konsultation externer Berater. (3)

Eine notwendige Voraussetzung für eine gewappnete Organisation sind motivierte und innovative Mitarbeiter, aber auch die Bereitschaft zum Eingehen von virtuellen Kooperationsformen

Insbesondere Kooperationen zwischen verschiedenen innerbetrieblichen Abteilungen oder aber mit externen Organisationen nehmen an Bedeutung zu, um das Ziel der Verbesserung von Adaptionsfähigkeiten des Unternehmens auf äußere Veränderungen zu erreichen.

Das Konzept der virtuellen Unternehmung meint ein zeitlich begrenztes Projekt, definiert durch unternehmensinterne Zusammenarbeit zwischen autonomen Teilbereichen, ebenso wie das vernetzte Zusammenwirken mit externen Partnern. Jeder der Partner in diesem Projekt bringt seine komplementären Kernkompetenzen ein. Aufgrund des Charakteristikums der Ortsunabhängigkeit ist eine starke informationstechnische Unterstützung notwendig. Darüber hinaus gibt es keine Hierarchie und keine vertikale Integration. Die "Co-Destiny"-Schicksalsgemeinschaft, bei der die Mitglieder miteinander verknüpft und voneinander abhängig sind, prägt diese Kooperationsform.

Wesentliche Vorteile ergeben sich aus den hierarchisch flach gesteuerten Organisationseinheiten im Netzwerkverbund, der eine hohe organisatorische Effizienz gewährleistet. Darüber hinaus sichert das gemeinsame Teilen von Wissen und Information bei unsicheren Marktverhältnissen ein erfolgreiches Vorgehen. Aufgrund der möglichen Asynchronisation von Arbeitsprozessen wird ein 7 Tage/24 Stunden-Arbeiten am Projekt erleichtert, was letztendlich die "economies of speed" erhöht.
Das Zusammenführen der unterschiedlichen Kernkompetenzen optimiert die gesamte Wertschöpfungskette mit signifikanten Produktivitätssteigerungen und Zeitersparnissen.

Demgegenüber stehen die wesentlichen Nachteile

derartiger Kooperationsformen, die sich insbesondere in dem Fehlen einer zuverlässigen, vertraglich festgelegten Bindung der einzelnen Partner ausdrückt. Außerdem kann der informationstechnische Koordinationsaufwand schnell alle Zeit- und Kostenvorteile zunichte machen. Der Einblick der Partner in das jeweilige Know-how der anderen Beteiligten kann darüber hinaus fatale Auswirkungen auf das Projekt haben, da sich evtl. ein Partner zu einem Konkurrenten wandelt. Eine gemeinsame Kultur kann aufgrund vieler Veränderungen der einzelnen Partner nicht entstehen, im Gegenteil können sich enorme zusätzliche Kosten bilden.

Grundvoraussetzungen für eine "Virtualisierungseignung" eines Unternehmens sind u. a.:
- Konzentration auf Kernkompetenzen
- Modularisierung der Wertschöpfung
- Prozess- und Vertrauensorganisation
- Flache Hierarchien
- Selbstorganisation
- Intensive Nutzung der modernen Informationstechnologien (4)

Ein wesentlicher Erfolgsfaktor für das Eingehen von Kooperationen ist eine Bewusstmachung und klare Abgrenzung der Kernkompetenzen der einzelnen

Partner. Nur ganz bestimmte strategische Ressourcen, die im Unternehmen verankert sind, versetzen Unternehmen in die Lage, anhaltende Wettbewerbsvorteile zu generieren. Nur die sogenannten "crown jewels", die u. a. auch durch "Nicht-Imitierbarkeit" das Potenzial haben, dauerhafte Wettbewerbsvorteile zu erzielen, sollten von Interesse sein. Die strategischen Ressourcen können sich z. B. auch auf prozessuale, organisationale oder integrative Aspekte beziehen.

Wettbewerbsvorteile, die durch interorganisationale, also die Unternehmensgrenzen überspannende, Ressourcen und Kompetenzen generiert werden, können dauerhaft sein, wenn in einer Analysephase die geeigneten Kooperationspartner sorgfältig ausgewählt werden.

Dauerhafte Vorteile werden insbesondere dann erzielt, wenn sie auf:
- beziehungsspezifischen Ressourcen,
- interorganisationalen Routinen für den Austausch und die Kombination von Wissen,
- komplementären Ressourcen- und Kompetenzen,
- einer effektiven institutionellen Rahmenordnung der Netzwerksteuerung und -kontrolle
basieren.

Die eingeschränkte Autonomie und

Handlungsfähigkeit der involvierten Unternehmen muss im Hinblick auf die sich bietenden Möglichkeiten und Vorteile in Kauf genommen werden. Kumulative und wechselseitige Verknüpfungen wirken dauerhaft beziehungsstabilisierend.

Von besonderer Bedeutung ist in diesem Zusammenhang die kooperative Nutzung externer, komplementärer Ressourcen für den Aufbau von Kernkompetenzen. Sollen kompetenzbedingte Kooperationen von langfristigem Erfolg gekrönt sein, bietet sich dem Management insbesondere eine lerninduzierte (outlearning) Kooperation im Sinne einer geplanten und bewussten Internalisierung von (Kern-) Kompetenzen der Kooperationspartner an. Zu beachten ist hierbei allerdings, dass man sich durch die kompetenzbedingte Kooperation nicht selbst "Trojanische Pferde" schafft. (5)

Im Rahmen von unternehmensübergreifender Zusammenarbeit stellt die Entwicklung von geeigneten Messgrößen für das Performance Measurement der "Collaborative Performance" eine besondere Herausforderung dar. (6)

Fallbeispiele

Toyota

Die enge Kooperation mit Zulieferanten, mit dem (erreichten) Ziel des Aufbaus eines umfangreichen und kumulativ um neue Produktionstechnologien erweiterten Zuliefernetzwerkes in der unmittelbaren Nähe der eigenen Produktionsstätten, erwirtschaftete für Toyota erhebliche Produktivitätsvorteile im Vergleich zu General Motors. (5)

Versicherungen

Auch die Versicherungsbranche muss ihre Organisation den veränderten und sich auch weiterhin kontinuierlich ändernden Rahmenbedingungen ihres marktlichen Umfeldes anpassen. Im Zuge der aktuellen Anstrengungen, effizienter und effektiver zu werden, versucht man mit Hilfe des Zerlegens von Verwaltungsabläufen in eine Vielzahl von Einzelprozessen, diese

weitestgehend in einer zentralen Organisationsform zu bündeln. Dieses widerspricht der effektiven Umsetzung des Zieles von Kundennähe und Kundenorientierung und wirkt sogar eher kontraproduktiv.
Der Gerling-Konzern differenziert während seiner Arbeit an der Optimierung von Prozessabläufen zwischen:
- Unterstützenden Prozessen (Finanzprozesse, Verwaltungsabläufe)
- Opportunistischen Prozessen (Qualitätssicherung, Kommunikation)
- Hebelwirkungs-Prozesse (Wissensmanagement, Produktgestaltung)
- Schlüssel-Prozessen (Schadenmanagement, Personalentwicklung)
Ein besonderes Augenmerk muss auf die Schlüssel- und Opportunistischen Prozesse gelenkt werden, da diese den höchsten Kundennutzen generieren und eine Organisation mit fehlender Kundennähe i. d. R. gerade in diesen Subprozessen Mängel aufweist, oder falsche Maßnahmen im Prozess-Re-Design ergriffen hat.
Der Gerling-Konzern sieht im Custor-System einen unterstützenden Baustein für die Entwicklung einer kundenorientierten Unternehmensorganisation. Dieses System geht von drei Stufen aus:

1. Den Kunden verstehen

2. Kundenzufriedenheit und Kundenbindung messen
3. Kundenmanagement, Kundenorientierung sowie Leistungserbringung verändern
4. Kundenbegeisterung

Jede Prüfung oder Neu-Gestaltung eines Prozesses muss nach diesen vier Stufen bewertet werden, denn Kunden wie auch Mitarbeiter können mit zu viel Innovation auch überfordert werden. (8)

Führungskräfte

Die Personalberatung Egon Zehnder International hat 664 Führungskräfte befragt. Ziel der Untersuchung war es, Korrelationen aufzuzeigen zwischen den Faktoren Einkommen, Hierarchieebene und Führungsverantwortung auf der einen Seite und den Faktoren, anhand derer sich erfolgreiche von weniger erfolgreichen Führungskräften unterscheiden.

Die wesentlichen Faktoren, die den Erfolg beeinflussen, waren:
- Überdurchschnittliche akademische Qualifikation (über 35% der erfolgreichen Manager verfügen über

mehr als einen akademischen Abschluss; 31% haben promoviert)
- Überdurchschnittlich viele der Manager haben längere Zeit im Ausland verbracht
- Es handelt sich überwiegend um Männer (Unterschiede gab es insbesondere in den Bereichen der Vergütung und der Führungsspanne, so führten die Männer durchschnittlich 16 Mitarbeiter, die Frauen nur fünf)
- Erfolgreiche Manager können eine wesentlich höhere Anzahl an eigenen Innovationen in den Gebieten: Organisation, Geschäftsmodelle, Produkte, Marketingkonzepte, vorweisen, als ihre weniger erfolgreichen Pendants
- Das Umfeld für die erfolgreichen Manager findet sich eher im Mittelstand, da 64% dieser Gruppe in Unternehmen mit einem Umsatz zwischen 11 und 500 Millionen Euro arbeiten
- Über ein Drittel dieser Manager ist in Unternehmen mit nur drei Hierarchiestufen tätig (wohingegen durchschnittlich nur 24% der Manager in derartigen Unternehmen arbeiten.)
- Die Erwartungshaltung der Erfolgreichen wird bestimmt durch Möglichkeiten, die ihnen das beschäftigende Unternehmen bietet im Hinblick auf Lösung aus der Routine, um eigene Ideen zu entwickeln (z. B. in "Zukunftswerkstätten")
- Die erfolgreichen Manager fokussieren sich darüber hinaus auf ein Projekt, um sich nicht auf

verschiedenen Feldern aufzureiben.
- Die Erfolgreichen sind außerdem in weitaus höherem Maße durch Anreiz- und Vergütungssysteme zu motivieren, mit einem hohen variablen Gehaltsbestandteil
- Bei der Unternehmensleitung wünschen sie sich Lenker, bei denen das Thema Innovation ganz oben steht, sowie eine Kultur, die nicht mit übertriebener Sensibilität auf Fehler reagiert, sondern unterscheiden kann zwischen vermeidbaren und konstruktiven Fehlern (7)

Beweggründe

Das Institut für Lernende Organisation und Innovation hat in Zusammenarbeit mit dem Institut für Betriebswirtschaftslehre der Hochschule Sankt Gallen die Gründe für das Initiieren organisatorischer Veränderungsprozesse untersucht. Häufigste Nennungen als Gründe hierfür waren:
- Hohe Prozesskosten
- Hohe Durchlaufzeiten
- Geringe Identifikation mit dem Unternehmen bei den Mitarbeitern
- Hohe Fehlzeiten/Krankenstand

Den Anstoß zur Veränderung geben häufig massive Probleme und Defizite, wenn nicht gar Krisen. (3)

Weiterführende Literatur

(1) Spannungen im Unternehmen produktiv nutzen
aus Frankfurter Allgemeine Zeitung, 29.07.2002, Nr. 173, S. 21

(2) Programmierter Absturz
aus Frankfurter Allgemeine Zeitung, 24.06.2002, Nr. 143, S. 25

(3) Unternehmenswandel braucht "Beweger" mit vielen Kompetenzen Fachhochschule Frankfurt bietet neuartige berufsbegleitende Qualifizierung zum Gestalter von Veränderungsprozessen / Zwei Info-Termine
aus Frankfurter Rundschau v. 15.06.2002, S.45

(4) Bea, Franz Xaver / Jägle, Elisabeth, Virtuelle Unternehmen und Telekooperation, Wirtschaftswissenschaftliches Studium, Heft 7/2002, S. 362-367
aus Frankfurter Rundschau v. 15.06.2002, S.45

(5) Duschek, Stephan / Sydow, Jörg, Ressourcenorientierte Ansätze des strategischen Managements - Zwei Perspektiven auf Unternehmungskooperation,

Wirtschaftswissenschaftliches Studium, Heft 8/2002, S. 426-431
aus Frankfurter Rundschau v. 15.06.2002, S.45

(6) Servatius, Hans-Gerd, Geschäftskonzept-Optimierung in der Netzwerk-Ökonomie, Controlling, Heft 8/2002, S. 437-445
aus Frankfurter Rundschau v. 15.06.2002, S.45

(7) Was den Erfolgsmanager ausmacht
aus Frankfurter Allgemeine Zeitung, 22.07.2002, Nr. 167, S. 19

(8) Der Kundennutzen ist oft nicht zu erkennen
aus Versicherungswirtschaft, 15.6.2002, 57.Jg., Nr. 12, S. 928

Impressum

Dynamische Umwelt - Wie muss sich die Organisation anpassen?

Bibliografische Information der deutschen Nationalbibliothek

Die Deutsche Nationalbibliothek verzeichnet diese Publikation in der deutschen Nationalbibliografie; detaillierte bibliografische Daten sind im Internet über http://dnb.d-nb.de abrufbar.

ISBN: 978-3-7379-0861-0

© 2015 GBI-Genios Deutsche Wirtschaftsdatenbank GmbH, Freischützstraße 96, 81927 München, www.genios.de

Alle Rechte vorbehalten. Dieses Werk ist einschließlich aller seiner Teile – z.B. Texte, Tabellen und Grafiken - urheberrechtlich geschützt. Jede Verwertung außerhalb der Grenzen des Urheberrechtsgesetzes bedarf der vorherigen Zustimmung des Verlags. Dies gilt insbesondere auch für auszugsweise Nachdrucke, fotomechanische Vervielfältigungen (Fotokopie/Mikroskopie), Übersetzungen, Auswertungen durch Datenbanken oder ähnliche Einrichtungen und die Einspeicherung und Verarbeitung in elektronischen Systemen.